essentials

Essentials liefern aktuelles Wissen in konzentrierter Form. Die Essenz dessen, worauf es als „State-of-the-Art" in der gegenwärtigen Fachdiskussion oder in der Praxis ankommt. *Essentials* informieren schnell, unkompliziert und verständlich

- als Einführung in ein aktuelles Thema aus Ihrem Fachgebiet
- als Einstieg in ein für Sie noch unbekanntes Themenfeld
- als Einblick, um zum Thema mitreden zu können

Die Bücher in elektronischer und gedruckter Form bringen das Fachwissen von Springerautor*innen kompakt zur Darstellung. Sie sind besonders für die Nutzung als eBook auf Tablet-PCs, eBook-Readern und Smartphones geeignet. *Essentials* sind Wissensbausteine aus den Wirtschafts-, Sozial- und Geisteswissenschaften, aus Technik und Naturwissenschaften sowie aus Medizin, Psychologie und Gesundheitsberufen. Von renommierten Autor*innen aller Springer-Verlagsmarken.

Melanie Peterson · Farina Owusu

Das wird man ja wohl noch sagen dürfen?!

Diskriminierungssensible Sprache in Personalprozessen der öffentlichen Verwaltung

Melanie Peterson
Berlin, Deutschland

Farina Owusu
Frankfurt am Main, Deutschland

ISSN 2197-6708   ISSN 2197-6716   (electronic)
essentials
ISBN 978-3-658-49296-0   ISBN 978-3-658-49297-7   (eBook)
https://doi.org/10.1007/978-3-658-49297-7

Die Deutsche Nationalbibliothek verzeichnet diese Publikation in der Deutschen Nationalbibliografie; detaillierte bibliografische Daten sind im Internet über https://portal.dnb.de abrufbar.

Planung/Lektorat: Laura Spezzano
Springer Gabler ist ein Imprint der eingetragenen Gesellschaft Springer Fachmedien Wiesbaden GmbH und ist ein Teil von Springer Nature.
Die Anschrift der Gesellschaft ist: Abraham-Lincoln-Str. 46, 65189 Wiesbaden, Germany

Wenn Sie dieses Produkt entsorgen, geben Sie das Papier bitte zum Recycling.

Was Sie in diesem *essential* finden können

- Eine Einführung in die Bedeutung diskriminierungssensibler Sprache für Personalprozesse.
- Konkrete Formulierungshilfen für Stellenbeschreibungen sowie Bewerbungs- und Feedbackgespräche.
- Reflexionsfragen und Checklisten zur Gestaltung inklusiver Kommunikation.
- Einen Ausblick auf die Rolle von Künstlicher Intelligenz in Personalprozessen.

Inhaltsverzeichnis

Über die Autoren

Melanie Peterson geboren 1981 in Berlin, lebt in New York City und Berlin und ist Autorin, Beraterin und Trainerin für diskriminierungssensible Personalführung. Mit ihrer langjährigen Erfahrung in der Unternehmensberatung und im Public Sector begleitet sie Organisationen und Verwaltungen bei digitalen Transformationsprozessen und der Implementierung diskriminierungssensibler Strukturen. Ihre Schwerpunkte liegen auf diskriminierungsbewusster und inklusiver Führung, insbesondere im Umgang mit Menschen mit internationaler Zuwanderungsgeschichte und Anti-Schwarzem Rassismus. Darüber hinaus engagiert sie sich für die Sichtbarkeit und Förderung von Kindern und Jugendlichen aus historisch benachteiligten Gruppen. Als Mutter von zwei Kindern und Mitgestalterin digitaler Transformationsprozesse kennt sie die Herausforderungen, die sich aus gesellschaftlichen und strukturellen Diskriminierungen ergeben.

Farina Owusu geboren 1995, lebt in Frankfurt am Main und arbeitet als Beraterin, Autorin und Trainerin für diskriminierungssensibles Veränderungsmanagement. Als Politikwissenschaftlerin (M.A) mit dem Schwerpunkt auf der Verbindung von Mensch und Technologie begleitet sie Organisationen bei der Umsetzung digitaler, sozial-ökologischer Transformationsvorhaben. Selbst aufgewachsen zwischen deutscher und ghanaischer Kultur, beschäftigt sie sich mit der Macht von Sprache im Kontext von Ausgrenzung und Teilhabe. Ihr Fokus liegt in den Bereichen Anti-Rassismus, Diversität und sozial-gerechter Gestaltung digitaler Lösungen. Bei der Deutschen Gesellschaft für Internationale Zusammenarbeit (GIZ) verantwortete sie zuletzt die Entwicklung diversitätssensibler Methoden im Service Design globaler Digitalprojekte sowie die Beratung politischer und privatwirtschaftlicher Akteure zu nachhaltiger Digitalisierung.

Einleitung

1

„Das wird man ja wohl noch sagen dürfen?!"

Ein mangelnder Überblick über aktuelle Empfehlungen, ein Wust an Ratgeberliteratur und sich gleichzeitig wandelnde rechtliche Rahmenbedingungen führen in Behörden häufig zu Unsicherheit: Welche Formulierungen sind angemessen, welche nicht? Sprache prägt unser tägliches Miteinander in der öffentlichen Verwaltung. Sie vermittelt nicht nur Informationen, sondern spiegelt Haltungen wider, strukturiert Abläufe und beeinflusst, ob sich Menschen einbezogen fühlen. In einer vielfältigen Gesellschaft wächst deshalb die Bedeutung einer Kommunikation, die niemanden ausschließt und zugleich effizient sowie rechtssicher bleibt.

Diskriminierungssensible Sprache*[1] ist ein strategisches Werkzeug für die Bewältigung aktueller und künftiger Herausforderungen des Personalwesens in der öffentlichen Verwaltung. Sie kann die Zusammenarbeit in vielfältigen Teams fördern und einen Beitrag zur Fachkräftesicherung leisten, ein Effekt, der insbesondere in Zeiten des demografischen Wandels an Bedeutung gewinnt. Außerdem trägt diskriminierungssensible Sprache dazu bei, das Vertrauen in Institutionen zu stärken, das Arbeitsklima zu verbessern und die Wirksamkeit von Organisationen zu erhöhen.

Dieses kompakte Buch soll Sie dabei unterstützen, sich mit dem Thema diskriminierungssensible Sprache vertraut zu machen – praxisnah, fundiert und ohne erhobenen Zeigefinger. Es versteht sich nicht als umfassender Leitfaden für

---

[1] Begriffe, die beim ersten Auftreten mit einem Sternchen* markiert sind, werden im Glossar am Ende des Buches erläutert.

M. Peterson und F. Owusu, *Das wird man ja wohl noch sagen dürfen?!*, essentials, https://doi.org/10.1007/978-3-658-49297-7_1

inklusive Personalgewinnung oder Diversity Management*. Dieser Praxisbeglei-
ter richtet sich an Mitarbeitende und Führungskräfte mit Personalverantwortung
in der öffentlichen Verwaltung, die einen Einstieg in die Thematik suchen
oder auf erste vorhandene Kenntnisse systematisch aufbauen möchten. Ziel ist
es, Orientierung zu bieten und Wege aufzuzeigen, wie Kommunikation entlang
des Mitarbeitenden-Lebenszyklus* inklusiver gestaltet werden kann, ohne dabei
bestehende Verwaltungsrealitäten auszublenden.

Diese Publikation hilft, mögliche Unsicherheiten im Sprachgebrauch abzubauen und zeigt zugleich, wie sich diskriminierungssensible Formulierungen
ohne großen Mehraufwand umsetzen lassen. Es führt Sie Schritt für Schritt
durch zentrale Personalprozesse, vom Anforderungsprofil über das Onboarding
bis zur Personalentwicklung, und zeigt dabei jeweils sprachliche Stellschrau-
ben auf. Beispiele und Fallstricke verdeutlichen, wie bereits kleine Textbausteine
große Wirkung entfalten können. Rechtliche Vorgaben, insbesondere das Allgemeine Gleichbehandlungsgesetz (AGG) und einschlägige Landesregelungen,
bilden lediglich den Rahmen; im Mittelpunkt stehen praxiserprobte Lösungen
für den Verwaltungsalltag.

Diversität für die Verwaltung – ein Überblick

2

Die deutsche Gesellschaft zeichnet sich durch Vielfalt aus, und dieser Trend wird sich in Zukunft weiter verstärken. Der aktuelle Mikrozensus zeigt auf, dass im Jahr 2024 bereits 25,6 % in der Bundesrepublik zur Bevölkerung mit Einwanderungsgeschichte* zählten. Dies bedeutet, dass gut jede vierte Person entweder selbst oder deren beide Elternteile seit 1950 nach Deutschland eingewandert sind (Statistisches Bundesamt 2025). Währenddessen beobachten wir auch beim Alter von Erwerbstätigen eine steigende Vielfalt. Von Berufseinsteiger*innen mit 15 Jahren bis zu Erwerbstätigen jenseits der Regelaltersgrenze reicht die Spannweite. Dies bringt eine große Bandbreite an Lebensrealitäten, Erfahrungen und Kompetenzen mit sich.

Was bedeutet diese ausgeprägte Diversität der Bevölkerung für die Verwaltung als Arbeitgeberin? Um ihre Kernaufgaben zuverlässig zu erfüllen, braucht sie eine widerstandsfähige und vielfältige Personalstruktur. Diversität innerhalb der Organisation spiegelt die Lebensrealität der Gesellschaft wider, kann passgenauer auf die Bedürfnisse verschiedener Bevölkerungsgruppen eingehen und ist essenziell für das Vertrauen und die Zufriedenheit der Bürger*innen mit den Institutionen (OECD 2018, 9).

Darüber hinaus verzeichnen Bund, Länder und Kommunen derzeit rund 570 000 unbesetzte Stellen (dbb 2024), und Prognosen gehen davon aus, dass bis 2035 zusätzlich etwa 1,3 Mio. Beschäftigte altersbedingt ausscheiden werden. Diese Lücke zwingt die Verwaltung dazu, neue Zielgruppen zu erschließen und bestehende Mitarbeitende stärker an ihre Organisationen zu binden. Fachkräftemangel und Wettbewerb um Talente sind heute demnach nicht mehr ausschließlich

M. Peterson und F. Owusu, *Das wird man ja wohl noch sagen dürfen?!*, essentials, https://doi.org/10.1007/978-3-658-49297-7_2

Herausforderungen der Privatwirtschaft. Vielmehr wird die Fähigkeit, Menschen mit unterschiedlichen Biografien, Qualifikationen und Lebensentwürfen anzusprechen, zum Erhalt langfristig resilienter öffentlicher Verwaltung.

Um eine vielfältige Belegschaft zu gestalten, ist es notwendig, neue Gruppen von Menschen anzusprechen. Ein zentraler Schlüssel zur Umsetzung einer Diversitätsstrategie im Personalwesen ist deshalb der Einsatz diskriminierungssensibler Sprache. Sie ist als niederschwellige Maßnahme schnell für die Gewinnung neuen Personals einsetzbar und wirkt sich zugleich kurz- wie langfristig positiv aus, wenn sie strategisch untermauert wird.

Somit ist Sprache ein wertvolles Mittel, um das Risiko von Diskriminierung innerhalb der Personaleinstellung zu reduzieren. Auf folgende Weisen kann sie direkt oder indirekt positiv wirken:

- **Größerer Talentpool:** Inklusive Formulierungen in Stellenausschreibungen senken Zugangshürden und erschließen ein größeres Feld an Bewerber*innen.
- **Höhere Arbeitgeberattraktivität:** Wertschätzende Sprache signalisiert Offenheit und ein zeitgemäßes Verständnis für die Bedürfnisse moderner Fachkräfte, was ein Wettbewerbsvorteil ist.
- **Stärkere Mitarbeitendenbindung:** Eine diskriminierungssensible Ansprache erleichtert den Einstieg von neuem Personal, fördert eine inklusive Organisationskultur und erhöht die langfristige Verbundenheit der Mitarbeitenden mit der Organisation.

2.1   Was ist diskriminierungssensible Sprache?

Diskriminierungssensible Sprache* bezeichnet einen Sprachgebrauch, der darauf abzielt, alle Menschen respektvoll und einschließend anzusprechen, unabhängig von Geschlecht, geschlechtlicher Identität, ethnische Herkunft, sozialer Status, Behinderung und chronische Erkrankungen, Alter, Religion und Weltanschauung, sexueller Orientierung und Identität. Sie vermeidet Formulierungen, die bestimmte Gruppen abwerten, stereotypisieren oder unsichtbar machen könnten.

Im Kern bedeutet diskriminierungssensible Sprache:

- Die bewusste Vermeidung von Begriffen und Formulierungen, die diskriminierende oder stigmatisierende Wirkungen entfalten können.
- Die Repräsentation und Sichtbarmachung gesellschaftlicher Vielfalt, etwa durch geschlechtergerechte und inklusive Ausdrucksweisen.

- Die Reflexion und Anpassung des eigenen Sprachgebrauchs im Hinblick auf gesellschaftliche Machtverhältnisse und mögliche Ausgrenzungsmechanismen.
- Die Berücksichtigung von Intersektionalität, also der Überschneidung verschiedener Diskriminierungsformen, um möglichst vielen Menschen einen respektvollen Zugang zu ermöglichen

Die Umsetzung diskriminierungssensibler Sprache erfordert keine vollständige Abkehr von gewohnten Kommunikationsformen, sondern vielmehr eine bewusste, reflektierte und kontinuierlich weiterentwickelte Sprachpraxis. Dem Anspruch, gänzlich frei von Diskriminierung zu kommunizieren, ist nur schwer gerecht zu werden. Stattdessen ist das Ziel, möglichst viele Menschen anzusprechen, Ausschlüsse zu minimieren und ein respektvolles Miteinander zu fördern.

2.2 Bewusstsein als Grundlage diskriminierungssensibler Sprachanwendung

Die bewusste Auseinandersetzung mit Sprache ist eine zentrale Voraussetzung für diskriminierungssensible Kommunikation. Sprache ist weit mehr als ein neutrales Werkzeug zur Informationsvermittlung: Sie prägt gesellschaftliche Strukturen, beeinflusst Zugehörigkeitsgefühle und kann Menschen ausschließen oder abwerten, ob bewusst oder unbewusst. Ein reflektierter Sprachgebrauch trägt dazu bei, dass sich alle Adressat*innen angesprochen und respektiert fühlen.

Die Entwicklung eines Bewusstseins für diskriminierungssensible Sprache setzt voraus, dass die eigenen Sprachgewohnheiten kritisch hinterfragt werden. Viele Begriffe oder Formulierungen sind historisch gewachsen und spiegeln gesellschaftliche Machtverhältnisse wider. Sie können Vorurteile oder Stereotype* transportieren, ohne dass dies den Sprechenden immer bewusst ist. Daher ist eine kontinuierliche Selbstreflexion erforderlich, um Diskriminierungspotenziale im eigenen Sprachgebrauch zu erkennen und schrittweise abzubauen. Um Diskriminierungssensibilität zur Anwendung zu bringen, ist der erste Schritt, sich zunächst bewusst zu machen, wie sich Benachteiligung marginalisierter Gruppen darstellen kann. Im zweiten Schritt wird ein feinfühliger Gebrauch von Sprache dafür genutzt, möglichst wenige Ausschlüsse mit der Wortwahl auszulösen.

Es gibt nicht die eine korrekte Form diskriminierungssensibler Sprache, die sich durch Auswendiglernen einer Begriffsliste aneignen ließe. Sprache und gesellschaftliche Normen wandeln sich stetig. Deshalb ist es hilfreich, diskriminierungssensible Sprache als fortlaufenden Prozess zu verstehen und diesem mit Offenheit, Neugierde und Lernbereitschaft zu begegnen.

Rechtliche Rahmenbedingungen

Artikel 3 des Grundgesetzes (GG) beinhaltet das Verbot von staatlicher Diskriminierung und alle Verwaltungsakte und internen Richtlinien müssen stets damit vereinbar sein. Ergänzend verpflichtet Artikel 33 Absatz 2 GG die öffentliche Hand zur Bestenauslese. Deshalb dürfen sich Personalentscheidungen nur an Eignung, Befähigung und fachlicher Leistung orientieren, diese Kriterien müssen jedoch diskriminierungsfrei festgestellt werden.

Die Basis für den Schutz vor Diskriminierung im Arbeits- und Beamtenrecht bildet in Deutschland das Allgemeine Gleichbehandlungsgesetz (AGG). Es verpflichtet öffentliche und private Arbeitgeber, Benachteiligungen aufgrund ethnischer Herkunft, Geschlechts, Religion oder Weltanschauung, Behinderung, Alters oder sexueller Identität zu verhindern (§ 1 AGG). Der Anwendungsbereich des Gesetzes erstreckt sich auf den gesamten Bewerbungsprozess und umfasst auch Stellenausschreibungen, Vorstellungsgespräche und Auswahlentscheidungen – er beginnt nicht erst mit der Einstellung.

Das AGG lässt positive Maßnahmen ausdrücklich zu (§ 5 AGG). Das bedeutet, öffentliche Arbeitgeber dürfen unterrepräsentierte Gruppen gezielt ansprechen, um strukturelle Nachteile auszugleichen, sofern am Ende die fachliche Qualifikation entscheidend bleibt. Dazu zählt beispielsweise die bevorzugte Einstellung von Frauen oder schwerbehinderte Menschen bei gleicher Eignung. Solche Maßnahmen erfordern jedoch eine transparente Dokumentation und dürfen nicht zur unangemessenen Benachteiligung anderer Bewerber*innen führen.

Für die Verwaltungspraxis bedeutet die Wahrung der Rechtskonformität: Jeder Schritt des Einstellungsverfahrens muss organisatorisch und sprachlich so gestaltet werden, dass Diskriminierung ausgeschlossen ist und zugleich das Prinzip der Bestenauslese gewahrt wird.

Vom Anforderungsprofil bis zum Onboarding – der diskriminierungssensible Einstellungsprozess

Im Rahmen der Einstellung neuen Personals erfolgt Diskriminierung selten offen und absichtlich, sondern wirkt auf einer subtileren Ebene. Unbewusste Überzeugungen über Fähigkeiten und Passung von Bewerber*innen beeinflussen den gesamten Einstellungsprozess von der Erstellung des Anforderungsprofils bis zur finalen Auswahl. Sprache kommt an dieser Stelle eine entscheidende Rolle zu, denn durch sie werden unbewusste Erwartungen sichtbar und fungieren als formgebende Grundlage für die Begegnung. Die Interaktion zwischen Verwaltung und Bewerber*innen wird über Sprache ein Rahmen gesetzt, der entweder offen und einladend oder ablehnend und vorurteilsbehaftet wirken kann. Sprache fungiert hier als strukturierendes Element: Neben sachlichen Informationen übermittelt sie soziale Botschaften. Diese Signalwirkung ist entscheidend dafür, wie eine Organisation wahrgenommen wird, wen sie anspricht und welche Organisationskultur sich herausbildet.

Ein ganzheitlicher Blick auf den Recruiting-Prozess zeigt, dass diskriminierungssensible Sprache jede Phase des Einstellungsverfahrens prägt (siehe Tab. 3.1). So wirkt sich die sprachliche Gestaltung des Anforderungsprofils direkt auf die Bewertungskriterien aus. Auch organisatorische Fragen wie die Anonymisierung von Bewerbungen sollten frühzeitig entschieden werden, damit ihre Auswirkungen auf das Verfahren bewusst berücksichtigt werden können. Umgekehrt können bereits kleine Formulierungen stereotype Erwartungsmuster aktivieren, was in nachgelagerten Phasen zu kumulativen Benachteiligungen führen kann.

M. Peterson und F. Owusu, *Das wird man ja wohl noch sagen dürfen?!*, essentials, https://doi.org/10.1007/978-3-658-49297-7_3

Tab. 3.1 Diskriminierungssensible Prozessgestaltung. (Quelle: Eigene Darstellung)

Prozessschritt	Ziel	Relevanz für diskriminierungssensible Sprache
Anforderungsprofil	Notwendige Qualifikation bestimmen	Ausschlusskriterien hinterfragen, neutrale nachvollziehbare Begriffe
Stellenausschreibung	Zielgruppe passgenau ansprechen	Inklusive Formulierungen, Signale der Offenheit und Wertschätzung senden
Bewerbungsgespräche	Eignung einschätzen	Strukturierte, einheitliche Interviews
Bewerbungsevaluation	Vorauswahl treffen	Objektive Kriterien, Bias-Sensibilität, Nachvollziehbarkeit
Onboarding	Einstieg gestalten	Zugehörigkeit ermöglichen, Vielfalt aktiv anerkennen und wertschätzen

3.1 Anforderungsprofil

Ziel des Anforderungsprofils ist die Erstellung einer objektiven Übersicht der notwendigen Fähigkeiten und Qualifikationen für die ausgeschriebene Stelle. Hier bereits auf Diskriminierungssensibilität zu achten, vereinfacht auch die nachfolgenden Schritte. Schon bei der Festlegung der Anforderungen kann sich Diskriminierung einschleichen, etwa indem einzelnen Bewerber*innengruppen ohne sachlich gerechtfertigte Gründe der Zugang zur Organisation erschwert oder verwehrt wird. Um dies zu vermeiden, sollten die benannten Anforderungen kritisch hinterfragt werden: Sind bestimmte Qualifikationen tatsächlich notwendig oder wurden sie bisher lediglich nie infrage gestellt?

Sprache verleiht Überzeugungen Ausdruck und will deshalb gut gewählt sein. Die Begriffe, mit denen Kompetenz oder Eignung beschrieben werden, sind häufig mit bestimmten Bildern und Erwartungen verbunden. Werden etwa Eigenschaften wie „deutliches Auftreten", „sichere Ausdrucksweise" oder „durchsetzungsstark" verwendet, können sie stereotype Vorstellungen aktivieren, die nicht alle Bewerbenden gleichermaßen erfüllen können oder wollen. Solche Zuschreibungen sind häufig kulturell oder klassenspezifisch geprägt und bevorzugen Bewerbende, die sich nahtlos in eine bestehende homogene Organisationskultur einfügen. Während eine gewisse Passung zu bestehenden Strukturen sinnvoll ist, bedeutet Diversität auch, neue Impulse und alternative Arbeitsweisen willkommen zu heißen. Eine diskriminierungssensible Sprache unterstützt dabei, diese Mechanismen frühzeitig zu erkennen und zu reflektieren.

Leitfragen für die Praxis

- **Zwingende Erforderlichkeit:** Sind alle genannten Kompetenzen für die Tätigkeit notwendig?
- **Formulierungstest:** Enthält das Profil Begriffe, welche bestimmte Gruppen implizit ausschließen könnten? (z. B. „muttersprachlich", „junges Team")
- **Rechtscheck:** Gibt es Rechtsgrundlagen, die nach einer spezifischen Qualifikation verlangen? (z. B. Staatsangehörigkeit)

3.2 Stellenausschreibung

Basierend auf dem Anforderungsprofil wird eine ansprechende und verständlich formulierte Stellenausschreibung erstellt, die geeignete Personen zur Bewerbung motivieren soll. Während das Anforderungsprofil intern festlegt, welche Kompetenzen und Qualifikationen für die ausgeschriebene Stelle tatsächlich erforderlich sind, richtet sich die Stellenausschreibung nach außen und prägt die Wahrnehmung der Organisation durch potenzielle Bewerber*innen. In Stellenausschreibungen können unbeabsichtigt sprachliche Barrieren entstehen, wenn Formulierungen gewählt werden, die bestimmte Personengruppen ausschließen oder nur Raum für bekannte soziale Hintergründe und Erfahrungen entstehen lassen. Nicht nur in der Beschreibung des gesuchten Profils können solche Effekte auftreten, die Selbstdarstellung der Organisation besitzt ebenfalls eine Strahlkraft und kann einladend oder ablehnend sein. Die Stellenausschreibung sollte sorgfältig auf die Zulässigkeit der gesuchten Kriterien geprüft werden, damit nur Kriterien nachgefragt werden, die relevant und rechtlich erforderlich sind. Welche Aspekte bei der Formulierung besonders beachtet werden sollten, wird in Kap. 4 näher beleuchtet.

Leitfragen für die Praxis

- **Zielgruppe:** Spiegelt der Ausschreibungstext ausschließlich relevante Anforderungen wider?

- **Verständlichkeit:** Sind die Anforderungen konkret benannt, z. B. durch die Angabe von Sprachniveaus oder nachprüfbaren Qualifikationen?
- **Einladung zur Vielfalt:** Wird unterrepräsentierten Gruppen erkennbar die Bewerbungsmöglichkeit eröffnet und zugleich das Leistungsprinzip gewahrt?

3.3   Bewerbungsgespräche

Im Bewerbungsgespräch wird die Eignung der Bewerber*innen systematisch verglichen. Diskriminierende Wirkungen können hier etwa durch spontane Zusatzfragen oder unzulässige Themen entstehen. Ein Beispiel: Wird eine Bewerberin nach einer geplanten längeren Abwesenheit gefragt und Bezug zu privaten Betreuungsaufgaben hergestellt, so ist dies rechtlich unzulässig und kann als Diskriminierung gewertet werden. Solche Situationen führen nicht nur zu möglichen Rückzügen von qualifizierten Bewerberinnen, sondern hinterlassen auch ein negatives Bild der Organisation. Strukturiert geführte Interviews mit einem festen Fragenkatalog und standardisierten Bewertungsbögen können daher Sicherheit geben. Indem sich alle Fragen unmittelbar auf das Anforderungsprofil beziehen, werden vergleichbare und faire Bedingungen geschaffen. In Kap. 5 wird auf die Gestaltung von Bewerbungsgesprächen eingegangen.

Leitfragen für die Praxis
- **Sachlichkeit:** Sind alle Fragen arbeitsplatzbezogen und sachlich gerechtfertigt?
- **Vergleichbarkeit:** Werden allen Bewerber*innen dieselben Fragen in vergleichbarer Form gestellt?
- **Dokumentation:** Werden die Gespräche nachvollziehbar und diskriminierungsfrei dokumentiert?

3.4   Bewerbungsevaluation

Nach Abschluss der Gespräche folgt die Bewertung und Auswahl geeigneter Kandidat*innen. Im Rahmen der Bewerbungsevaluation wird die Eignung transparent, nachvollziehbar und vergleichbar beurteilt. Je nach Aufbau des Bewerbungsverfahrens müssen Kandidat*innen mehrfach im Verlauf des Prozesses evaluiert werden. Dank mehrstufiger Verfahren stehen Informationen über die Kandidat*innen aus verschiedenen Kontexten zur Verfügung und ergeben ein umfassendes Bild der Eignung. Neben dem Lebenslauf können Fachwissen, Problemlösekompetenz oder Kommunikationsfähigkeit über Interviews, Fallstudien oder andere Formate systematisch erfasst werden.

Doch unbewusste Vorurteile (Unconscious Bias*) können sich bei der Sichtung der Bewerbungen auswirken. Namen, Fotos oder Informationen über die Herkunft können implizite Erwartungen auslösen, die nicht mit den tatsächlichen Fähigkeiten der Bewerbenden zusammenhängen.

Eine strukturierte Bewertung anhand vorher festgelegter Kriterien reduziert diese Verzerrungen. Ergänzend kann geprüft werden, ob Elemente anonymisierter Verfahren sinnvoll integriert werden können, z. B. der Verzicht auf persönliche Daten in der ersten Auswahlphase.

Exemplarischer Ablauf eines mehrsprachigen Verfahrens:

- **Sichtung der Unterlagen**
  Lebenslauf, Motivationsschreiben und Nachweise sind gängige Formate. Kreative Formate wie Video-Pitches, können für einzelne Positionen (z. B. Pressestellen) relevant sein, weil sie notwendige Fähigkeiten unmittelbar erkennen lassen. Zugleich liefern sie aber auch visuelle und akustische Hinweise (z. B. Akzent, Erscheinungsbild), die unbewusste Vorurteile aktivieren können. Wichtig ist, dass die fachliche Expertise beurteilt wird, nicht aber eine persönliche Bewertung auf Basis der Vielfaltsdimensionen* stattfindet.
- **Schriftliche oder digitale Eignungstests**
  Einige Behörden setzen Fachaufgaben, Wissenstests oder kurze Fallstudien ein, um objektive Leistungskriterien zu erfassen. Diese Instrumente müssen barrierearm gestaltet sein und dürfen keine sprachlichen oder kulturellen Hürden enthalten, die nicht unmittelbar arbeitsrelevant sind. Zu beachten ist, dass ein unreflektierter Bias* sich auch in die Gestaltung eines solchen Formats einschleichen kann und die Objektivität somit untergräbt.
- **Bewertung des Bewerbungsgesprächs**
  Nach Abschluss des Gesprächs werden die Antworten der Kandidat*innen systematisch mit dem Anforderungsprofil abgeglichen. In der öffentlichen Verwaltung geschieht dies idealerweise mithilfe eines festen Bewertungsbogens, der für alle Interviewten dieselben Kompetenzfelder und Gewichtungen vorsieht. So lässt sich transparent belegen, welche fachlichen und sozialen Kompetenzen nach objektiven Maßstäben erfüllt wurden, ohne dass persönliche Sympathie, Bias oder vermeintliche „Teampassung" das Ergebnis verzerren.

- **Gesamtbewertung und Entscheidung**
  Alle Teilergebnisse werden zusammengeführt und auf Basis einer vorher festgelegten Gewichtung wird eine Auswahl getroffen. Eine schriftliche, an objektive Kriterien gebundene Zusammenfassung schützt vor Willkür und erleichtert die Nachprüfbarkeit.
- **Kommunikation der Entscheidung**
  Zusagen sowie Absagen sollten neutral und standardisiert formuliert sein. Begründungen wie „keine Passung zum Team" oder „Überqualifizierung" können als Alters- oder Geschlechtsdiskriminierung auslegbar werden und sind deshalb zu vermeiden. Zulässig ist der Hinweis, dass die ausgewählte Person das Anforderungsprofil in Summe am besten erfüllt, ohne Wertungen zur Person der Abgelehnten vorzunehmen.

Leitfragen für die Praxis

- **Sichtung der Unterlagen:** Prüfe ich bei jedem Kriterium, ob es wirklich arbeitsrelevant ist, bevor ich Bewerbungen aussortiere?
- **Schriftliche oder digitale Eignungstests:** Wurden die Testergebnisse mithilfe eines einheitlichen Bewertungsrasters ausgewertet, sodass dieselben Maßstäbe angelegt werden?
- **Bewertung des Bewerbungsgespräches:** Sind die Antworten der Bewerber*innen anhand klarer Skalen eingeordnet und ist diese Bewertung für Dritte prüfbar festgehalten?
- **Gesamtbewertung und Entscheidung:** Sind die Resultate aller Bewerbungsphasen konsistent zusammengeführt und ausschließlich nach fachlichen Gewichtungen bewertet worden?
- **Kommunikation der Entscheidung:** Spiegelt die formulierte Zu- oder Absage die objektive Entscheidung wider?

3.5 Onboarding

Das Onboarding ist die Phase der Einarbeitung neuer Mitarbeitender und zugleich eine zentrale Gelegenheit, neue Teammitglieder willkommen zu heißen und die Organisationskultur zu vermitteln. Eine sorgsam gestaltete Kommunikation legt hier den Grundstein für Zugehörigkeit und spätere Bindung: Schon die Begrüßungsmail, das Einführungshandbuch oder der erste Teamtermin vermitteln, ob Vielfalt geschätzt wird oder ob Ausgrenzung unterschwellig mitschwingt.

Eine diskriminierungssensible Sprache im Onboarding bedeutet, dass sowohl formale Informationsmaterialien als auch die alltägliche Sprache unter Kolleg*innen inklusiv und verständlich gestaltet sind.

Im Verwaltungskontext existieren oft zahlreiche Fachbegriffe, Abkürzungen und implizite Regeln, die für Außenstehende zunächst schwer zu verstehen sind. Sprachliche Integration heißt zum einen, die neuen Mitarbeitenden mit dem nötigen Vokabular und den Kommunikationswegen der Behörde vertraut zu machen. Zum anderen schließt sie auch eine kritische Reflexion interner Sprachgewohnheiten ein, um potenziell diskriminierende Begriffe zu erkennen und gegebenenfalls anzupassen. Die kulturelle Integration geht Hand in Hand mit der sprachlichen.

Eine gelungene Integration neuer Teammitglieder hängt zudem von institutionellen Maßnahmen ab. So kann es hilfreich sein, jedem Neuzugang eine*n Mentor*in oder Pat*in an die Seite zu stellen, um fachliche sowie sprachlich-kulturelle Unterstützung zu gewährleisten. Wer von Beginn an erlebt, dass Vielfalt gewollt und wertgeschätzt wird, kann sich schneller einbringen und identifiziert sich eher mit der Organisation. Sprache ist hier der Schlüssel: Sie kann Brücken bauen und ein gemeinsames „Wir-Gefühl" schaffen. Wird die sprachliche und kulturelle Integration in der Verwaltung ernst genommen, kann langfristig auch von höherer Mitarbeitendenzufriedenheit und -bindung profitiert werden.

Leitfragen für die Praxis

- **Sprachliche Inklusion:** Sind alle Onboarding-Materialien in verständlicher, inklusiver Sprache verfasst und werden zentrale Fachbegriffe erläutert?
- **Unterstützung:** Gibt es Ansprechpersonen oder Mentor*innen, die neue Mitarbeitende auch bei sprachlich-kulturellen Fragen unterstützen können?
- **Gruppenreflexion:** Wird im Team regelmäßig reflektiert, ob alltägliche Formulierungen unbewusst ausschließen oder ob sie Zugehörigkeit fördern?

Die Stellenausschreibung als Visitenkarte der Organisation

Stellenausschreibungen sind mehr als ein Instrument der Personalgewinnung, sie sind die Visitenkarte und Ausdruck der Haltung einer Organisation. Stellenausschreibungen dienen nicht nur der reinen Informationsvermittlung, sie transportieren auch die Werte einer Organisation und sind somit ein wichtiges Mittel für die Außenwirkung. Sie sind der erste Kontaktpunkt zwischen einer Organisation und potenziellen Bewerber*innen. In der öffentlichen Verwaltung kommt hinzu: Viele Bewerber*innen hatten bereits Kontakt mit Organisationen aus der Verwaltung, nicht zwingend als Arbeitgeber, sondern in ihrer Rolle als Bürger*innen. Dieses Vorverständnis ist oft geprägt von persönlichen Erfahrungen, gesellschaftlichen Narrativen, medialen Bildern und alteingesessenen Klischees. Die Sprache in Stellenausschreibungen trägt somit eine doppelte Verantwortung: Sie informiert nicht nur über Aufgaben und Anforderungen, sie vermittelt auch, wer sich angesprochen fühlen soll.

Der primäre Zweck einer Stellenausschreibung liegt darin, qualifizierte Personen für eine vakante Position zu gewinnen. Um einen möglichst großen Pool an Bewerber*innen zu erreichen, ist die Wortwahl entscheidend. Mit jeder Formulierung senden Behörden Signale darüber, wie willkommen sich unterschiedliche Bewerber*innen fühlen dürfen. Eine inklusive und diskriminierungssensible Sprache in Stellenausschreibungen kann dazu beitragen, neue Zielgruppen anzusprechen und die Vielfalt im öffentlichen Dienst zu erhöhen.

4.1   Wie Ausschlüsse in Stellenausschreibungen wirken

Unbedachte Formulierungen können Menschen ungewollt ausschließen. An dieser Schnittstelle entstehen häufig diskriminierende Fallstricke. Durch Begriffe, die nur für bestimmte soziale Gruppen anschlussfähig sind, können Stereotype gestärkt oder Bewerbende entmutigt werden. Beispielsweise verringern männlich konnotierte Begriffe wie „durchsetzungsstark" oder „führungsorientiert" in Stellenausschreibungen die Bewerbungsbereitschaft von Frauen (Gaucher et al. 2011). Die Beschreibung des Teams, die Anforderungen oder die Darstellung der Arbeitsweise beeinflussen, ob sich Menschen angesprochen fühlen. Mit gängigen Floskeln werden Bilder kreiert, die eine spezifische Art von Bewerber*in als passend kategorisieren. Solche Ausdrücke (vgl. Tab. 4.1) können dazu führen, dass qualifizierte Bewerber*innen keine Unterlagen einreichen, da sie die öffentliche Verwaltung als eher distanzierte, formalistische Institution wahrnehmen, deren Anforderungen nicht inklusiv formuliert werden.

4.2   Teampassung als versteckte Benachteiligung

Der Wunsch nach einem harmonischen Umgang im Team ist ein berechtigtes Interesse. Doch es ist Vorsicht geboten, wenn der „Team-Fit" als Argument zur Rechtfertigung für die Einstellung neuen Personals genutzt wird. Aussagen wie „passt nicht ins Team" können Vorurteile verschleiern. Wenn neue Kolleg*innen nach Sympathie und Ähnlichkeit ausgewählt werden, geht Diversität verloren. Eine kritische Reflexion darüber, was tatsächlich als Teamharmonie wahrgenommen wird, ist daher ratsam. Besser als „wir sind wie eine Familie und suchen jemanden, der genau so ist wie wir" ist es, Offenheit für kulturelle Bereicherung zu zeigen: z. B. „Wir schätzen vielfältige Perspektiven in unserem Team". Machen Sie deutlich, dass neue Kolleg*innen die bestehende Runde bereichern dürfen, anstatt sich nur nahtlos einzufügen.

4.3   Vielfalt benennen

Diskriminierungssensible Formulierungen bedeuten nicht nur, problematische Wörter zu vermeiden, sondern aktiv eine einladende Sprache zu wählen. Jede Stellenausschreibung ist auch ein Signal: Begriffe und Tonfall zeigen Bewerbenden, ob Vielfalt wirklich erwünscht ist. Durch inklusive Sprache können

Tab. 4.1 Beispiele für problematische Formulierungen und passende Alternativen. (Quelle: Eigene Darstellung)

Problematische Formulierung	Warum kann sie ausschließen?	Bessere, arbeitsbezogene Alternative
„Junges, dynamisches Team"	Impliziert, dass vor allem junge Bewerbende erwünscht sind; ältere Fachkräfte fühlen sich nicht angesprochen	„Innovatives Umfeld mit vernetzter Zusammenarbeit"/ „Arbeiten in agilen Projektstrukturen"
„Muttersprache Deutsch" oder „deutscher Hochschulabschluss"	Setzt Herkunft oder spezifische Bildungsbiografie voraus; qualifizierte Personen mit internationaler Geschichte werden benachteiligt	„Sehr gute Deutschkenntnisse (mind. GER-Niveau C1)"/ „Abgeschlossenes Studium oder gleichwertige Qualifikation"
„Deutsche Staatsangehörigkeit"	Nicht für alle Verwaltungstätigkeiten zwingend erforderlich; schließt sonst geeignete Bewerbende ohne deutschen Pass aus	„Erfüllung der gesetzlichen Voraussetzungen für ein Beamten- bzw. Beschäftigungsverhältnis im öffentlichen Dienst"
„Belastbar, 100 % Einsatz jederzeit"	Suggeriert permanente Verfügbarkeit und schreckt Personen mit Care-Aufgaben oder Personen mit Behinderung ab	„Priorisiert Aufgaben auch unter Zeitdruck und behält dabei den Überblick"
„Langjährige Berufserfahrung (mind. 10 Jahre)"	Benachteiligt jüngere Fachkräfte oder Quereinsteigende, wenn die lange Dauer nicht wirklich nötig ist	„Einschlägige Berufserfahrung und fundierte Fachkenntnisse in …"

öffentliche Arbeitgeber gezielt Menschen ansprechen, die sich von traditionellen Ausschreibungen nicht angesprochen fühlen und die Verwaltung bisher vielleicht nicht als attraktiven Arbeitgeber berücksichtigt haben.

Formulierungshilfen, um Vielfalt einzuladen

- **Gezielt alle Personen ansprechen:** *„Wir begrüßen Bewerbungen von Menschen aller Hintergründe".* Wichtig ist, diese Haltung schon im Fließtext spürbar zu machen, nicht bloß in einem rechtlichen Disclaimer am Ende.

- **Potenzial und die Lernmöglichkeiten:** Statt unflexible Einstiegsvoraussetzung zu benennen „*Sie beherrschen alle gängigen Office-Programme perfekt*" kann offen formuliert werden: „*Sie haben bereits mit Office-Software gearbeitet und können sich schnell in neue Anwendungen einarbeiten*". Dadurch fühlen sich auch Kandidat*innen angesprochen, die noch nicht jede Detailanforderung erfüllen, aber Lernbereitschaft besitzen.
- **Vielfalt erwähnen:** Etwa „*Unser Team besteht aus Kolleg*innen verschiedener Altersgruppen, Fachrichtungen und Herkunftsländer – diese Vielfalt schätzen wir sehr" Solche Hinweise müssen authentisch sein und zur Organisation passen. Ist dies gegeben, vermitteln sie, dass Diversität nicht nur geduldet, sondern gewollt ist.
- **Barrieren reduzieren:** Um Stellenausschreibung barrierearm zu gestalten, sollten komplizierte Satzkonstruktionen vermieden und ggf. zusätzliche Erklärungen oder Ansprechpersonen verfügbar gemacht werden. Eine klar strukturierte, gut verständliche Anzeige signalisiert Wertschätzung gegenüber allen Leser*innen.

Wenn Stellenausschreibungen Wertschätzung, Vielfalt und Zugänglichkeit zum Ausdruck bringen, können sie dazu beitragen den Talentpool zu erweitern und das Ansehen der eigenen Organisation als moderne, inklusive Arbeitgeberin zu stärken.

Bewerbungsgespräche diskriminierungssensibel gestalten

5

Bewerbungsgespräche sind nicht nur ein Mittel zur Personalauswahl, sie spiegeln die Organisationskultur wider. Im Verwaltungskontext besteht häufig die Annahme, dass solche Gespräche formell und neutral ablaufen. Doch gerade in dieser Formalität können unbewusste Ausschlüsse entstehen. Für viele Bewerber*innen, insbesondere jene aus marginalisierten Gruppen, entscheidet sich innerhalb weniger Sekunden, ob sie sich willkommen und respektiert fühlen (Willis und Todorov 2006). Studien aus der Gesprächspsychologie zeigen auch, dass Menschen innerhalb weniger Augenblicke entscheiden, ob eine Situation bzw. eine Person als vertrauenswürdig oder nicht wahrgenommen wird oder nicht.

Gerade in Bewerbungsgesprächen sind diese ersten Eindrücke entscheidend. Sie beeinflussen, wie offen und authentisch sich Bewerber*innen zeigen und ob sie sich einer bestimmten Organisationskultur zugehörig wiegen können oder nicht. Diskriminierungssensible Gesprächsführung bedeutet daher nicht nur „nichts Falsches zu sagen", sondern aktiv einen Raum zu schaffen, in dem Bewerber*innen auf Augenhöhe begegnet wird.

5.1 Was macht eine diskriminierungssensible Gesprächsführung konkret aus?

Eine diskriminierungssensible Gesprächsführung beginnt nicht mit der ersten Frage, sondern mit der Haltung, mit der ein Gespräch vorbereitet, strukturiert und letztlich geführt wird. In der öffentlichen Verwaltung, in der Objektivität und Gesetzeskonformität gerne als zentrale Handlungsprinzipien deklariert werden, bedeutet das, dass diese Prinzipien um eine bewusste Wahrnehmung

M. Peterson und F. Owusu, *Das wird man ja wohl noch sagen dürfen?!*, essentials, https://doi.org/10.1007/978-3-658-49297-7_5

von Machtverhältnissen und gesellschaftlichen Positionierungen erweitert werden müssen. Ein Bewerbungsgespräch ist niemals ein unparteiischer Raum, auch wenn er in der Theorie oft so dargestellt wird. Wer fragt, führt. Wer bewertet, hat Definitionsmacht. Diese Macht ist eingebettet in gesellschaftliche Normen, Routinen und Bilder, die sich, oft unbewusst, auch im Personalbeschaffungsprozess, widerspiegeln. Diskriminierungssensible Gesprächsführung bedeutet deshalb nicht zwingend, auf bestimmte Fragen zu verzichten. Es geht vor allem um die bewusste Entscheidung, allen Bewerber*innen mit derselben Aufmerksamkeit, Wertschätzung und Transparenz zu begegnen – unabhängig davon, ob ihr Lebenslauf, ihr Name oder ihr Erscheinungsbild etwa vertraut erscheint oder nicht. Dieses Bewusstsein ist wie ein Muskel, der trainiert werden kann.

Eine diskriminierungssensible Gesprächsführung erfordert vor allem die Bereitschaft, eigene Biases* und Vorstellungen von Stereotypen* zu hinterfragen. Dabei werden Bewerber*innen oftmals aufgrund ihres äußeren Erscheinungsbildes oder Namens bestimmte Attribute zugeschrieben. Diese Vorstellungen basieren in vielen Fällen auf gesellschaftlichen Normen und Hierarchien sowie der eigenen Sozialisierung. Die Kunst der diskriminierungssensiblen Gesprächsführung liegt jedoch nicht im Auswendiglernen „korrekter" Formulierungen, sondern in der Fähigkeit, mit Offenheit, Klarheit und Respekt zu kommunizieren, auch in Momenten von Unsicherheit. Wer Gespräche strukturiert und vergleichbar führt, vermeidet Willkür und schützt sich und Bewerbende vor Vorannahmen und Vorurteilen. Diese entstehen vor allem dann, wenn manche Bewerber*innen unbewusst anders gefragt oder bewertet werden, etwa, weil sie als „ungewöhnlich" oder „nicht ganz passend" wahrgenommen werden.

Ein Gespräch ist dann diskriminierungssensibel geführt, wenn es

- **strukturiert und vergleichbar ist.**
  Dies bedeutet, dass allen Bewerber*innen dieselben Kernfragen zu denselben Anforderungsbereichen gestellt werden, um eine faire und nachvollziehbare Beurteilung zu gewährleisten. Vergleichbarkeit bedeutet nicht, Unterschiede abzuerkennen, sondern Chancengleichheit: die Möglichkeit, ausschließlich anhand transparenter, kompetenzorientierter Kriterien bewertet zu werden, unabhängig von der individuellen Herkunft, sprachlichen Ausdrucksweise oder der sozialen Schichtung.
- **relevante Kriterien statt persönlicher Sympathie in den Vordergrund stellt.**
  Fragen zur Problemlösungskompetenz und rollenspezifische Fähigkeiten sollten stets im Vordergrund stehen. Small Talk über Hobbys oder Herkunft sollten gemieden werden.

- **sprachlich inklusiv und respektvoll formuliert ist.**
  Durch den Einsatz von gendersensibler Sprache, klaren Fragen ohne Fach-
  jargon und dem bewussten Vermeiden von Zuschreibungen aufgrund von
  Annahmen (z. B.: *„Sie haben viel Temperament, das ist wahrscheinlich kulturell bedingt"*) wird eine Grundlage für Professionalität und Zugehörigkeit
  geschaffen.
- **trotz des Hierarchiegefälles zwischen Bewerber*in und Interviewer*in auf
  Augenhöhe stattfindet.**
  Das bedeutet aktives Zuhören, ein wertschätzender Tonfall, Raum für Rück-
  fragen und der bewusste Verzicht auf belehrende oder überheblich wirkende
  Kommentare.

5.2 Typische Herausforderungen und Fallstricke im Bewerbungsgespräch und wie man sie vermeidet

Diskriminierung in Bewerbungsgesprächen geschieht selten mit Absicht. Häufig
sind es kleine, beiläufige Bemerkungen oder unbewusste Annahmen, häufig auf
Stereotypen basierend, die Bewerber*innen das Gefühl vermitteln, nicht willkommen, gleichwertiger Teil der deutschen Gesellschaft oder nicht kompetent genug
zu sein. Diese subtilen Formen der Abwertung, oft auch als Mikroaggressionen*
bezeichnet, sind selten greif- oder benennbar. Ihre Wirkung zeigt allerdings langfristige psychologische Konsequenzen für die Person, die jene Mikroaggressionen
erfährt.

In Organisationskulturen der öffentlichen Verwaltung, wo Gleichbehandlung
und Chancengleichheit zentrale Werte sind, ist es umso wichtiger, diese Vorurteile, deren Ursprung in systematisierten und institutionalisierten Strukturen und
Hierarchien zwischen vermeintlichen Klassen*[1] und Ethnien* liegen, sichtbar zu
machen – nicht zur Schuldzuweisung, sondern als Einladung zur Reflexion.

---

[1] Das Sternchen (*) markiert an dieser Stelle, dass diese Kategorien sozial konstruiert sind.
Sie finden ebenfalls eine Begriffserklärung im Glossar.

5.3   Die Grundlage für Diskriminierung: Othering und Vorurteile

Diskriminierende Aussagen erfolgen selten mit böser Absicht. Oft handelt es sich um spontane Bemerkungen oder Fragen, die aus Neugier entstehen und dennoch eine gravierende Wirkung auf das Gegenüber entfalten. Um dieses Phänomen besser zu verstehen, lohnt sich ein Blick auf das Konzept des Othering* (engl. für „Andersmachen"). Othering beschreibt den psychologischen und sozialen Prozess, bei dem Menschen oder Gruppen als „anders", „nicht zugehörig" oder „abweichend von der Norm" wahrgenommen und behandelt werden. Es beruht auf unbewussten Vorannahmen und Vorurteilen, die wir beispielsweise aufgrund eines Namens, Aussehens, Akzents oder Auftretens treffen.

Im Bewerbungsgespräch zeigt sich Othering oft in scheinbar harmlosen, für die betroffene Person jedoch ausgrenzenden Formulierungen:

- „Ihr Deutsch ist einwandfrei!"
- „So einen Namen habe ich noch nie gehört – wo kommt der her?"
- „Wie ist das bei Ihnen in der Kultur?"

Was diese Aussagen eint, ist, dass sie Bewerber*innen den Eindruck vermitteln, dass sie nicht als gleichwertiger Teil einer Gesellschaft gesehen werden, sondern als „besondere Ausnahme", als jemand, der*die nicht hierhergehört, jemand der*die sich erklären muss.

Für die betroffene Person bedeutet das häufig Scham, Rückzug, Leistungsdruck und das Gefühl, nicht für die eigenen Kompetenzen bewertet, sondern auf ihre „Andersartigkeit" reduziert zu werden. Im Gesprächsverlauf bleiben diese Reaktionen oft unsichtbar, psychologisch gesehen sind sie jedoch hochrelevant. Wie Bewerber*innen sich im Gespräch fühlen, beeinflusst, wie offen, authentisch oder nervös sie sich zeigen, ob sie in der Lage sind, Vertrauen und Rapport aufzubauen und inwieweit sie sich perspektivisch als Teil der Organisation wahrnehmen können.

Hier setzt diskriminierungssensible Gesprächsführung an: bei der Fähigkeit, nicht nur die eigenen Intentionen, sondern auch die Wirkung von Sprache und Kommunikation auf andere mitzudenken. Es bedarf der Bereitschaft, unser eigenes Verständnis von Normen nicht als neutral zu betrachten, sondern als etwas, das aktiv hinterfragt werden darf.

Auch wenn wir Sprache reflektiert und sensibel einsetzen wollen, können uns typische Fallstricke begegnen, die eine diskriminierende Wirkung entfalten. Diese gilt es zu erkennen und zu vermeiden.

Typische Fallstricke im Bewerbungsgespräch

„Wo kommen Sie denn ursprünglich her?"

→ Klingt nach Interesse, impliziert aber, dass die Person nicht hierhergehört.

Alternative: *„Erzählen Sie über Ihre beruflichen Stationen und Erfahrungen."*

„Wie möchten Sie angesprochen werden?"

→ Kann bei trans*, nicht-binären oder queeren Bewerber*innen verunsichernd wirken, wenn kein Kontext oder keine Struktur zugrunde liegt.

Alternative: Nennung der eigenen Pronomen zu Beginn (*„Ich bin Marlene Müller, Pronomen sie/ihr"*) signalisiert Offenheit, ohne Druck zu vermitteln.

Small Talk über *„besondere Kleidung"*, *„ungewöhnliche Namen"* oder *„interessante Akzente"*

→ Kann exotisierend oder entwertend wirken.

Empfehlung: Bewusst auf persönliche Kommentare verzichten und aufgaben- und kompetenzorientiert bleiben.

5.4 Leitfaden für die Gesprächsführung

Die Gesprächsführung in Bewerbungssituationen bedeutet, Verantwortung dafür zu übernehmen, welche Bilder, Normen und Bewertungsmuster reproduziert werden und ob Bewerber*innen sich im Gespräch als Teil einer chancengerechten Organisation erleben können. Sprache ist an dieser Stelle auch Ausdruck institutionalisierter Strukturen. In Bewerbungsgesprächen zeigen sich diese Machtverhältnisse darin, wer Fragen stellt und wessen Antworten als normkonform oder erklärungsbedürftig eingeordnet werden. Um diesen Mechanismen nicht unbeabsichtigt zu folgen, braucht es eine klare und praxistaugliche Struktur für Fragestellungen, die sowohl zwischenmenschliches Verständnis fördern als auch eine kompetenzorientierte Einschätzung und Begegnung auf Augenhöhe ermöglichen.

Der folgende Leitfaden bietet eine Orientierungshilfe, wie diskriminierungssensible Gesprächsführung konkret im Bewerbungsgespräch umgesetzt werden kann. Chancengleichheit spiegelt sich nämlich nicht nur in Leitbildern wider, sondern wird insbesondere im direkten Kontakt mit Bewerber*innen spürbar.

Tab. 5.1 Das K.L.A.R.-Modell für diskriminierungssensible Fragestellungen. (Quelle: Eigene Darstellung)

	Bedeutung	Zielsetzung
K	**Kompetenzbezogen**	Die Fragen zielen ausschließlich auf Fähigkeiten, Erfahrungen und konkrete Handlungskompetenzen ab, persönliche Merkmale oder private Lebensumstände werden ignoriert
L	**Leitlinienkonform**	Die Fragen sind AGG-konform (Allgemeines Gleichbehandlungsgesetz) und vermeiden Diskriminierung, Mikroaggressionen oder kulturelle Zuschreibungen
A	**Authentizitätsfördernd**	Die Fragen ermöglichen Bewerber*innen, sich authentisch zu präsentieren, ohne sich für ihre Identität oder ihre Herkunft erklären oder rechtfertigen zu müssen
R	**Reflexionsbasiert**	Fragen regen an, eigene Haltungen, Erfahrungen oder Lösungsansätze zu reflektieren, statt oberflächliche Übereinstimmung mit der Organisationskultur abzufragen

Das K.L.A.R.-Modell für diskriminierungssensible Fragestellungen

Das folgende K.L.A.R.-Modell (siehe Tab. 5.1) unterstützt Sie darin, Bewerbungsgespräche rechtskonform, diskriminierungssensibel und kompetenzorientiert und ohne zusätzlichen bürokratischen Aufwand zu gestalten. Ziel ist es, für die*den Bewerber*in eine Atmosphäre von Wertschätzung, Klarheit und Augenhöhe und damit die Grundlage für chancengerechte Entscheidungen im öffentlichen Dienst zu schaffen.

Die Beispielfragen im Modell-Format (Tab. 5.2) illustrieren, wie Alternativen zu problematischen Fragestellungen aussehen können.

Damit Sie das K.L.A.R.-Modell direkt in der Praxis anwenden können, können Sie folgende Kontrollfragen als Checkliste nutzen, um Ihre Fragen im Bewerbungsgespräch Schritt für Schritt auf Diskriminierungssensibilität und Rechtskonformität prüfen zu können.

Tab. 5.2 Beispielfragen im K.L.A.R.-Format. (Quelle: Eigene Darstellung)

Standardfrage (problematisch)	Warum kritisch?	K.L.A.R.-Alternative
„Wie gut sprechen Sie Deutsch?"	Impliziert Defizit, basiert auf Vorurteil	„In welchen beruflichen Kontexten haben Sie auf Deutsch kommuniziert?"
„Wie integrieren Sie sich in bestehende Teams?"	Integration wird zur Bringschuld	„Wie gestalten Sie eine konstruktive Zusammenarbeit im Team?"
„Wie vereinbaren Sie Beruf und Familie?"	Fokus auf Privatleben, Diskriminierung von Eltern	„Wie organisieren Sie Ihren Arbeitsalltag bei unvorhersehbaren Herausforderungen?"
„Was unterscheidet Sie von anderen Bewerbenden?"	Betonung von Andersartigkeit	„Welche besonderen Stärken oder Erfahrungen bringen Sie in diese Position ein?"

K.L.A.R.-Checkliste: 5 Kontrollfragen zur Vorbereitung auf Bewerbungsgespräche

Kompetenzbezogen:

Bezieht sich meine Frage auf eine berufliche Fähigkeit, Erfahrung oder relevante Kompetenz oder auf persönliche Lebensumstände?

Leitlinienkonform:

Ist meine Frage AGG-konform und frei von Annahmen über Herkunft, Geschlecht, Familienstand oder Religion?

Authentizitätsfördernd:

Ermöglicht meine Frage dem*der Bewerber*in, sich authentisch und ohne Rechtfertigungsdruck zu präsentieren?

Reflexionsbasiert:

Fordert meine Frage Reflexion über Erfahrungen, Herausforderungen oder Lösungen heraus oder impliziert sie eine bloße Anpassung an die vermeintliche „Norm"?

Wirkung reflektiert:
Wie könnte meine Frage auf Bewerber*innen mit unterschiedlichen sozialen, kulturellen oder persönlichen Geschichten wirken?

Tipp für die Praxis
Bereiten Sie einen Fragenpool nach dem K.L.A.R.-Modell vor und nutzen Sie ihn in künftigen Bewerbungsgesprächen, um Vergleichbarkeit und Fairness sicherstellen zu können.

Eine diskriminierungssensible Gesprächsführung ist nicht nur ein zentrales Instrument im Auswahlverfahren. Sie ist eine Schlüsselkompetenz für chancengerechtes Verwaltungshandeln. Wer Bewerbungsgespräche strukturiert, respektvoll und inklusiv gestaltet, schafft die Grundlage für faire Auswahlprozesse und sendet ein deutliches Signal an künftige Mitarbeitende: *Auch wenn wir uns in einem Lernprozess befinden, hier wird Vielfalt nicht nur gewünscht, sondern auch gelebt.*

Sprache in der Personalführung

Wertschätzende Führung beginnt nicht mit der Vertragsunterzeichnung, sondern zeigt sich in der täglichen Kommunikation mit Mitarbeitenden. Gerade in der öffentlichen Verwaltung, in der Hierarchien und Beurteilungsprozesse eng miteinander verknüpft sind, entscheidet Sprache darüber, wer sich wertgeschätzt, motiviert und gefördert fühlt und wer nicht.

Wer langfristig Mitarbeitende binden möchte, insbesondere solche, die bisher in Verwaltungen unterrepräsentiert sind, muss sich bewusst machen: Diskriminierung geschieht nicht nur durch Entscheidungen, sondern auch durch Sprache. In alltäglichen Formulierungen, Gesten und im Schweigen spiegeln sich bestehende Machtverhältnisse in Teams und Organisationen wider.

6.1   Sprache als Machtinstrument im Alltag

Sprache ist nie neutral. Sie spiegelt soziale Strukturen wider und reproduziert bestehende Machtverhältnisse, oft unbewusst. Im Führungskontext wirkt Sprache als zentrales Steuerungsinstrument. Wer spricht, wer angesprochen wird und wie über Personen gesprochen wird, trägt zur Positionierung von Mitarbeitenden in einer Organisation bei.

Diskriminierungssensible Führung beginnt nicht bei Schulungskonzepten oder Bewertungsbögen, sie beginnt im Sprachgebrauch. In den Formulierungen, mit denen Aufgaben erklärt, Leistungen bewertet oder Entscheidungen kommuniziert werden, zeigt sich Haltung. Besonders dort, wo Sprache nicht bewusst eingesetzt wird, sondern aus Gewohnheit, Zeitdruck oder Hierarchiedenken heraus entsteht, kann unbeabsichtigte Ausgrenzung erfolgen. Wer führt, prägt mit Sprache das

M. Peterson und F. Owusu, *Das wird man ja wohl noch sagen dürfen?!*, essentials, https://doi.org/10.1007/978-3-658-49297-7_6

Klima im Team. Welche Perspektiven Gehör finden, wer als verlässlich gilt, wer als Potenzialträgerin oder Potenzialträger wahrgenommen wird, wird sprachlich vermittelt. Der Unterschied zwischen einer Führung, die stärkt, und einer, die unbeabsichtigt abwertet, liegt oft in der Wortwahl.

Führungskräfte übernehmen in der öffentlichen Verwaltung eine doppelte Rolle. Sie sichern Abläufe und dienen zugleich als kommunikatives Bindeglied zwischen Institution und Mensch.

Im Alltag wird Sprache unter Zeitdruck und formalisierten Abläufen aber schnell funktional. Dies trifft besonders auf die häufig komplexen Prozessabläufe in der Verwaltung zu. Doch gerade deshalb braucht es ein Bewusstsein für ihre Wirkung: Wer nicht mitgedacht oder nicht angesprochen wird, fühlt sich nicht gesehen und wird über kurz oder lang das Weite suchen oder im besten Fall, oft unbewusst, zu langfristigen Spannungen oder Konflikten im Team beitragen.

6.2   Wer gelobt, wer kritisiert wird – und wie

Lob und Kritik sind mächtige Katalysatoren in der Führung. Doch wie sie ausgesprochen oder ausgedrückt werden, z. B. durch Gesten oder Körpersprache, ist niemals unparteiisch. In vielen Teams werden nicht alle Mitarbeitenden für eine vergleichbare Leistung gleichermaßen gelobt. Nicht alle dürfen Kritik gleich offen äußern, oder erhalten sie in einer wertschätzenden Sprache zurück.

Wer als leistungsstark, zuverlässig oder führungstauglich gilt, wird häufig durch anerkennende Formulierungen wie *„Das ist wie immer sehr solide."* oder *„Sie haben das im Griff"* bestätigt. Wer dagegen schon als „unsicher", „anders" oder „noch nicht ganz angekommen" gelesen wird, erhält häufig zurückhaltenderes, vorsichtiger formuliertes oder gar ausweichendes Feedback.

Hinzu kommt, dass Lob oft unterschiedlich konkret formuliert wird – abhängig davon, wie sehr eine Person dem impliziten Bild einer sogenannten „exemplarischen Verwaltungskraft" entspricht. Bei einem vertrauten Kollegen heißt es vielleicht: *„Starke Leistung, das war gut vorbereitet."* Bei einer neuen Kollegin womöglich nur: *„Das ist nicht mal so schlecht."* Auch Kritik wird nicht gleich verteilt. Sie kann zu direkt (*„Das war unprofessionell."*), zu diffus (*„Da können Sie sich mal stärker einbringen."*) oder gar emotionalisiert erfolgen, insbesondere, wenn Führungskräfte keine Sprache für Unsicherheit oder eigene Irritation haben, die auf die Mitarbeitenden projiziert werden. (*„Das müssen wir besser machen"*). Gerade dann rutschen Formulierungen ins Persönliche oder Unklare ab und lassen die betroffene Person ratlos und zurück.

Diskriminierungssensibel führen heißt sich bewusst zu machen, wem wir wie Rückmeldung geben und warum. Dies bedeutet auch, sich selbst zu hinterfragen: *„Habe ich überhaupt bemerkt, was diese Person gut gemacht hat? Habe ich die Leistung benannt oder nur innerlich registriert?"*

6.3   Gut gemeint ist nicht immer gut gemacht – subtile Formulierungen und ihre Botschaften

Nicht alle Formen der Ausgrenzung sind sofort erkenntlich. Manchmal liegt die Botschaft in einem Nebensatz, einem Tonfall oder einem vermeintlich harmlosen Kommentar. Gerade in der öffentlichen Verwaltung, wo sich Führung oft durch sachliche Neutralität auszeichnet, zeigen sich subtile Abwertungen nicht durch direkte Angriffe, sondern durch das, was unausgesprochen mitschwingt.

Besonders präsent sind dabei Formulierungen, die auf den ersten Blick wertschätzend klingen, jedoch gleichzeitig Abstand, Zweifel oder Irritation signalisieren. Sätze wie *„Ich bin positiv überrascht",* drücken nicht Wertschätzung aus, sondern deuten unterschwellig an: *„Ich habe dir das eigentlich nicht zugetraut."*

Diese sogenannten Mikro-Beleidigungen*, sind, auch wenn sie oft als Kompliment gemeint sind, weit verbreitet: *„Sie sprechen wirklich gutes Deutsch.", „Trotz der kurzen Zeit haben Sie das gut gemacht."* Solche Aussagen sind vor allem dann problematisch, wenn sie bestimmten Mitarbeitenden wiederholt begegnen, während andere selbstverständlich Anerkennung erfahren.

Subtile Botschaften zeigen sich zudem im Tonfall, in Betonung und im Zeitpunkt. Wenn Lob zögerlich ausgesprochen oder Kritik in Floskeln verpackt wird (z. B.: *„Das war okay, aber…"*) werden Mitarbeitende nicht nur verunsichert, bestehende Machtstrukturen bleiben verankert.

Diskriminierungssensible Sprache bedeutet jedoch nicht, jedes Wort zu hinterfragen, sondern bewusst zu sprechen und Gespräche mit der Frage im Hinterkopf zu führen: *Fühlt sich diese Person durch meine Rückmeldung gestärkt oder herabgesetzt?*

Formulierung im Vergleich

- Ausdruck über Überraschung über Erfolg, unterschwellige Skepsis:
  „Ich hätte nicht gedacht, dass das so gut klappt."
- Klare Rückmeldung zur Leistung, ohne persönliche Bewertung:
  „Die Lösung war durchdacht und hat überzeugt."

6.4   Feedbackgespräche respektvoll und fair führen

Feedbackgespräche sind fester Bestandteil in der Führung von Mitarbeitenden. Sie sollen Orientierung geben, Mitarbeitende fördern und Leistung anerkennen, analysieren oder hinterfragen. Doch gerade in hierarchischen Organisationen wie der öffentlichen Verwaltung ist entscheidend, wie Feedback gegeben wird. Die Sprache kann dort schnell als Bewertung, Distanzierung oder Bestätigung wirken. Diskriminierungssensibles Feedback beginnt deshalb mit achtsamer Vorbereitung, einer klaren Haltung und einer bewussten Wortwahl. Denn oftmals klingen Bewertungen neutral, transportieren aber implizite Botschaften über Zugehörigkeit, Kompetenz oder Erwartungshaltung.

Ein Feedbackgespräch beginnt lange vor dem ersten Satz. Zunächst sollte gefragt werden: *Was habe ich beobachtet? Und was bewerte ich eigentlich?* Wer diskriminierungssensibel führt, unterscheidet zwischen dem, was eine Person tut, und dem, wie sie wirkt. Dabei sollte kritisch hinterfragt werden, ob die Wirkung tatsächlich aus dem Verhalten resultiert oder aus der eigenen Wahrnehmung.

Sprache wirkt hier doppelt. Sie formt Realität und bestätigt bestehende Bilder. Sätze wie *„Sie wirken manchmal zurückhaltend"* oder *„Da wünsche ich mir noch mehr Präsenz"* mögen sachlich klingen, basieren aber häufig auf unausgesprochenen Normen, wie sich „vorbildliche Mitarbeit" zu zeigen habe. Diese Normen sind niemals neutral, sie sind sozial-, geschlechts-, herkunfts-, klassenspezifisch und immer organisationskulturell geprägt.

6.5   Unbewusste Bewertungen erkennen und vermeiden

Besonders problematisch sind Formulierungen, die Persönlichkeit bewerten, statt Verhalten zu spiegeln:

- *„Du agierst in manchen Situationen sehr emotional."*
- *„Du könntest selbstbewusster auftreten."*
- *„Du bist nicht so durchsetzungsstark wie andere."*

Solche Formulierungen transportieren subtile Bewertungen, die oft entlang von Geschlecht, Herkunft oder Hierarchie wirken. Für Mitarbeitende mit Diskriminierungserfahrung tragen Urteile wie diese oft eine schwerwiegende Konsequenz mit sich: eine erzwungene Anpassung an eine dominante Organisationskultur oder aber den Ausschluss von wichtigen Entwicklungspfaden.

Besser ist es, konkret zu benennen, was beobachtet wurde und diese Wahrnehmung ohne Interpretation zu formulieren:

- *„In der letzten Sitzung hast du deine Position ruhig erklärt. Wie hast du dich dabei wahrgenommen?"*
- *„Mir ist aufgefallen, dass du dich in der Diskussion nicht eingebracht hast. Woran lag das?"*

So entsteht Raum für eine bessere Selbstwahrnehmung, Dialog und Entwicklung, statt für Bewertungen.

Ein zentrales Hindernis für diskriminierungssensible Feedbackgespräche ist der Zeitmangel, mit dem viele Führungskräfte konfrontiert sind. Obwohl Feedbackkultur als wichtiges Führungsinstrument anerkannt ist, wird sie im Arbeitsalltag häufig vernachlässigt. Studien zeigen jedoch, dass eine strukturierte Vorbereitung die Gesprächsqualität signifikant erhöht. Dies verdeutlicht, dass die fehlende Vorbereitungszeit ein strukturelles Problem darstellt, das die Qualität der Mitarbeiterführung und -entwicklung stark beeinträchtigt. Um dem entgegenzuwirken, ist es entscheidend, Feedbackgespräche fest in den Arbeitsalltag zu integrieren und Führungskräften die notwendigen Ressourcen und Werkzeuge zur gründlichen Vorbereitung zur Verfügung zu stellen. (Kaufmann und Wüst 2013).

6.6 Sprachliche Stolperfallen in Beurteilungsgesprächen

Feedbackgespräche oder Zielvereinbarungsgespräche gehören zum festen Bestandteil der öffentlichen Verwaltung. Sie sollen Leistung anerkennen, Entwicklung fördern und Potenziale offenlegen. Gleichzeitig bedeuten diese Gespräche häufig Unsicherheit aufseiten der Führungskraft und des* der Mitarbeitenden. Nicht immer finden sich klare Worte für das, was eigentlich besprochen werden soll. Stattdessen wird häufig unbeabsichtigt und aus Gewohnheit mit Floskeln, Andeutungen oder bewertenden Begriffen gearbeitet. Besonders problematisch wird es, wenn Rückmeldungen unspezifisch, defizitorientiert oder implizit normierend sind.

Hier ein paar Beispiele:

- *„Da fehlt mir noch mehr Präsenz."*
- *„Du warst irgendwie nicht ganz greifbar."*
- *„Ich sehe dich noch nicht in einer verantwortungsvolleren Rolle."*

Solche Aussagen wirken diffus und wertend. Vor allem aber verlagern sie die Verantwortung zur Veränderung auf die beurteilte Person, ohne eine klare Orientierung zur Weiterentwicklung zu bieten. Für viele Mitarbeitende, insbesondere jene, die Diskriminierung im Alltag erleben, hinterlassen solche Feedbackgespräche vor allem eins: Die Bestätigung, dass sie nicht hierhergehören, dass sie nicht „gut genug" sind. Ein Narrativ, das sie aus ihren alltäglichen gesellschaftlichen Interaktionen nur allzu gut kennen. Wortwahl und Ton spiegeln nicht nur Inhalte, sondern auch die innere Vorstellung von einer „idealen" Arbeitsweise oder einem „professionellen Auftritt". Diese Vorstellung ist niemals neutral, sondern geprägt von sozialen Normen, Berufserfahrung und unbewussten Stereotypen. Umso wichtiger ist es, sich bewusst auf Feedback- und Zielvereinbarungsgepräche vorzubereiten und dabei nicht nur auf die Gesprächsinhalte zu achten, sondern auch auf die eigene Sprache und Haltung.

Das folgende D.A.S.A-Modell (siehe Tab. 6.1) kann als Leitfaden dienen, um typische Fehlerquellen zu vermeiden und Gespräche diskriminierungssensibel und wertschätzend gegenüber den Mitarbeitenden zu gestalten.

Diskriminierungssensible Führung zeigt sich in der Sprache. Ob Lob ermutigt, ob Kritik respektvoll bleibt, ob Zielvereinbarungen stärken oder abwerten. All das ist kein Zufall, sondern Ergebnis unserer eigenen Haltung und sprachlichen Aufmerksamkeit.

Wer als Führungskraft Verantwortung übernimmt, trägt auch Verantwortung für den Raum, den Sprache schafft. Sprache kann Türen öffnen oder schließen, Vertrauen aufbauen oder zerstören.

Der Anspruch ist nicht, nach perfekten Formulierungen zu streben, sondern nach bewussten. Denn eine inklusive, und chancengerechte Verwaltung beginnt genau dort, wo Führung beginnt: beim Zuhören, beim Nachfragen, beim Aussprechen und der Hinterfragung der eigenen Normen.

6.7   Sprache in der Personalentwicklung Entwicklung und Förderung

Nicht nur in Beurteilungen zeigt sich, wem etwas zugetraut wird. In der Art und Weise, wie Schulungen und Fortbildungen ausgeschrieben, Lernbeziehungen gestaltet oder Mentoring-Programme organisiert werden, spiegelt sich die Frage wider: Wer soll sich weiterentwickeln und wer stagniert?

Diskriminierung entsteht hier nicht durch böse Absicht, sondern oft durch unreflektierte Sprache. Denn Sprache entscheidet mit, wer sich angesprochen fühlt und wer nicht.

Tab. 6.1 Das D.A.S.A- Modell für die diskriminierungssensible Gesprächsführung. (Quelle: Eigene Darstellung)

D.A.S.A	Bedeutung	Fragen zur Reflexion
D – Denken	Was will ich wirklich sagen?	Welche konkrete Beobachtung liegt meiner Rückmeldung zugrunde? Was ist mein Ziel: Orientierung geben, Leistung anerkennen, Entwicklung anstoßen?
A – Atmosphäre bewusst gestalten	Wie setze ich den Ton für das Gespräch?	Habe ich genug Zeit eingeplant, um präsent zu sein? Bin ich ruhig, offen, zugewandt? Zeige ich durch Sprache und Körpersprache, dass mir dieses Gespräch wichtig ist?
S – Sprache prüfen	Wie formuliere ich achtsam, konkret und respektvoll?	Spreche ich über Verhalten statt Persönlichkeit? Nutze ich klare, beobachtbare Beispiele? Vermeide ich Bewertungen wie „unsicher", „zurückhaltend", „emotional"?
A – Authentizität ermöglichen	Wie öffne ich echten Dialog?	Gebe ich Raum für Rückfragen, andere Sichtweisen oder Widerspruch? Stelle ich ehrliches Interesse statt vorgefertigter Erwartungen in den Mittelpunkt?

So ist Sprache in Fortbildungseinladungen oder Entwicklungsgesprächen häufig informell von unseren eigenen sozialen Normen geprägt

- „Das ist eher was für die Jüngeren."
- „Ich sehe dich da (noch) nicht."
- „Ich sehe dich nicht als typischen Führungstyp."

Formulierungen wie diese wirken wie eine neutrale Beobachtung sind aber in Wahrheit Zuschreibungen, die langfristig Karrieren aufbauen oder hemmen.

Auch vermeintlich neutrale Begriffe wie „Führungspotenziale" oder „Nachwuchs-talente" schaffen implizite Ausschlüsse: Wer sich nicht mit diesen Begriffen identifiziert, fühlt sich nicht angesprochen und bewirbt sich nicht bzw. meldet sich entsprechend nicht an.

6.8   Machtverhältnisse in Mentoring und Lernbeziehungen

Auch in Pat*innenprogrammen oder internen Schulungen reproduzieren sich sprachlich Hierarchien. Wenn nur Führungskräfte Mentorinnen werden, Rück-meldungen bevormundend formuliert sind oder bestimmte Kommunikationsstile als professioneller gelten, entstehen ungleiche Lernbedingungen.

Wird in Lernbeziehungen nicht auf Augenhöhe gesprochen, entsteht kein Raum für Entwicklung, sondern nur für Assimilierung – aufseiten der Person, die die Diskriminierung erfährt. Um Vielfalt und die Individualität von Mitar-beitenden zu fördern, ist es wichtig, Schulungseinladungen offen, inklusiv und ermutigend formulieren. Förderung sollte aktiv empfohlen werden, besonders an introvertierte Mitarbeitende und Personen mit Diskriminierungserfahrung.

Ähnliches gilt für Mentoringprogramme, die ebenfalls sprachlich und struktu-rell diversitätsbewusst vor folgenden Fragen gestaltet werden sollten: *Wer wird gefragt? Wer wird sichtbar gemacht?*

Einladung zur Fortbildung: Beispiele zum Vergleich

Ausschließend	Inklusiv & aktivierend
„Für ambitionierte Nachwuchsführungskräfte"	„Für alle Mitarbeitenden, die sich für Verantwortung und Weiterentwicklung interessieren"
„Teilnahme nach Rücksprache mit Leitung"	„Sprechen Sie uns an, wir unterstützen Sie bei Interesse gern"
„Nur für erfahrene Projektleitende"	„Mitbringen sollten Sie Neugier und erste Einblicke in Projektarbeit"

Wer Lerngelegenheiten so kommuniziert, dass auch bisher übersehene Mitarbeitende sich angesprochen fühlen, verändert nicht nur einzelne Karrierepfade, sondern die Arbeitskultur in der Verwaltung insgesamt.

Während Sprache, Haltung und Wahrnehmung die Führungskultur in vielen Organisationen prägen, steht die öffentliche Verwaltung bereits vor der nächsten Herausforderung: der zunehmenden Digitalisierung und dem Einsatz Künstlicher Intelligenz im Personalmanagement und welchen Einfluss KI auf unseren Sprachgebrauch einnehmen wird. Auch hier stellt sich die Frage: Welche Werte und Strukturen werden in neue Systeme übertragen und wo reproduzieren Algorithmen bestehende Ungleichheiten?

Künstliche Intelligenz im Personalwesen – Sprache und Verantwortung

7

Die alltägliche Nutzung von künstlicher Intelligenz ist längst nicht mehr ein Zukunftsthema, auch in der öffentlichen Verwaltung wird sie zunehmend an Realität. Besonders im Personalmanagement verspricht der Einsatz von KI-Anwendungen mehr Objektivität, Zeitersparnis und Effizienz. Systeme zur automatisierten Bewerber*innen-Vorauswahl, Matching-Tools, automatisierte Sprachanalysen oder etwa emotionserkennende Software werden bereits in Pilotprojekten erforscht und diskutiert.

Der Veränderungsdruck ist groß: Der demographische Wandel, der wachsende Fachkräftemangel, hohe Verwaltungsaufwände und digitalpolitische Ziele motivieren Verwaltungen zunehmend dazu, auch in datensensiblen Bereichen wie der Personalgewinnung und -entwicklung KI-gestützte Lösungen zu nutzen. Doch genau dort, wo Menschen bewertet, ausgewählt und eingeordnet werden, stellt sich die Frage, inwieweit diskriminierungssensible Kommunikation und Praktiken überhaupt stattfinden können, wenn Entscheidungen zunehmend durch Algorithmen getroffen werden.

KI-Systeme agieren nicht im luftleeren Raum. Sie basieren auf Daten. Jene Daten reproduzieren die Realität, aus der sie stammen: einer Gesellschaft, in der bestimmte Gruppen systematisch und historisch unterrepräsentiert oder benachteiligt wurden. Wenn ein Algorithmus beispielsweise auswertet, welche Bewerber*innen in der Vergangenheit erfolgreich waren, lernt er vor allem, wer bereits „hineingepasst" hat. In der Personalauswahl bedeutet das, dass

Weiß*[1], Cis*-männlich* -gelesene deutschsprachige, formal lineare Lebens-
läufe bevorzugt werden. Die Idee, dass KI per se neutral sei, ist deshalb ein
gefährlicher Trugschluss. Gerade in Gebieten, in denen die Verwaltung mit
Diversity-Sensibilität wirken möchte, braucht es Bewusstsein, Regulierung und
eine Sprache, die erkenntlich macht, wer gemeint ist und wer bisher mitgedacht
wurde und wer nicht.

7.1   Sprache als Datenproblem – Wie Diskriminierung sich in Algorithmen widerspiegelt

Auf den ersten Blick mag Sprache in KI-Anwendungen wie ein rein maschinel-
les Medium wirken, das Daten sortiert, Texte analysiert und Profile abgleicht.
Doch genau in diesem Prozess geschehen Verzerrungen und unintendierte Vorannahmen. Wenn KI-Systeme etwa Bewerbungsunterlagen analysieren, oder
Matching-Algorithmen und Textfelder auswerten, greifen sie auf jene sprachlichen Muster zurück, die aus bereits bestehenden Daten gelernt wurden. Doch
diese Daten geben keinen Aufschluss darüber, wer für eine Position geeignet ist. Sie sagen lediglich aus, wer bisher eine gute Leistung erbracht hat.
Allerdings bleibt unsichtbar, dass diese positive Bewertung nicht für alle Personengruppen gleichermaßen zugänglich war. In einem algorithmischen System,
das bestimmte Schlüsselwörter oder Strukturen bevorzugt, werden damit auto-
matisch bestimmte Personengruppen benachteiligt, obwohl ihre Kompetenzen
gleichwertig oder sogar höher sind.

Studien belegen, dass Männer in Bewerbungsunterlagen oder Empfehlungs-
schreiben häufiger agentische Begriffe wie *„Führung", „Entscheidung" oder
„strategisch"* verwenden, während Frauen tendenziell kollektiv, relational oder
vorsichtiger formulieren (Gaucher et al. 2011; Madera et al. 2009). Diese
Unterschiede sind keine Folge tatsächlicher Kompetenzen, sondern spiegeln
sprachliche Sozialisation und Rollenerwartungen wider. Dennoch beeinflussen
sie die Bewertung – insbesondere, wenn KI-Systeme automatisiert „erfolgreiche"
Sprachmuster erkennen und bevorzugen. Ein weiteres bekanntes Beispiel von KI
in der Personalbeschaffung ist der Fall von Amazon*. Dort wurde eine KI zur
Bewerber*innenauswahl entwickelt, die automatisierte Kandidat*innen-Rankings
erstellte. Da die Trainingsdaten überwiegend aus Bewerbungen männlicher Kan-
didaten bestanden, lernte das System, dass Männer erfolgreicher seien. Das

---

[1] Das Sternchen (*) markiert an dieser Stelle, dass diese Kategorien sozial konstruiert sind.
Sie finden ebenfalls eine Begriffserklärung im Glossar.

Ergebnis: Bewerbungen von Frauen wurden, unabhängig von Qualifikation, systematisch schlechter bewertet. Amazon beendete das Projekt, da die Diskriminierung nicht erfolgreich aus dem System entfernt werden konnte (vgl. Kirchner 2021; Raji und Buolamwini 2019).

Auch in der öffentlichen Verwaltung können solche Mechanismen auftreten, wenn etwa Algorithmen Bewerber*innen nach Schlüsselbegriffen oder Satzstrukturen vorsortieren. Wer den richtigen Ton trifft, wird als besser geeignet wahrgenommen, auch wenn die fachliche Eignung gleichwertig ist. Damit entsteht eine neue Art der Diskriminierung: unsichtbar, automatisiert und kaum überprüfbar.

Sprache ist dabei kein nebensächliches Detail, sondern der zentrale Schlüssel. Trainingsdaten bestehen vorwiegend aus Texten, Profilen oder Bewertungen, die von Menschen verfasst wurden. Wer in der Vergangenheit durch dominante Sprachmuster bevorzugt wurde, erhält auch künftig einen Vorsprung. Personen und Menschengruppen, die aufgrund von Sprachstil, Kommunikationsmustern oder kultureller Prägung bisher schlechter bewertet wurden, laufen Gefahr, weiter ausgefiltert zu werden, mit dem Unterschied, dass diese Diskriminierung nun innerhalb eines automatisierten Systems stattfindet.

Gerade weil die Entwicklung von KI-Systemen auf Sprachsystemen und Sprachinterpretation basieren, muss diskriminierungssensible Sprache unbedingt in der Analyse und Auswertung von Bewerbungsunterlagen, Interviews oder internen Leistungsdaten als Verständnisgrundlage implementiert werden. Dies bedeutet, dass ein Bewusstsein dafür geschaffen werden muss, welche Begriffe wie benutzt und gewertet werden. Weiters werden klare Leitlinien benötigt, um Vielfalt und Inklusion sprachlich zugänglicher zu gestalten, während systematische, regelmäßige Prozesse eingeführt werden, die überprüfen, ob Algorithmen eine gerechte Teilhabe ermöglichen oder ausschließen.

KI kann die Verwaltung effizienter machen, allerdings nur dann auch gerechter, wenn ihre Sprache verstanden, ihre Grenzen anerkannt und ihre Diskriminierungspotenziale bewusst abgebaut werden.

Was Sie aus diesem *essential* mitnehmen können

- Warum Diskriminierung selten intendiert, aber oft sprachlich verankert ist und wie Sie Ihre Wortwahl bewusst überprüfen
- Wie Sie mit diskriminierungssensibler Sprache in Stellenausschreibungen eine breitere Zielgruppe ansprechen können
- Warum eine gute Vorbereitung von Feedback- und Entwicklungsgesprächen zur langfristigen Bindung von Mitarbeitenden so wichtig ist
- Konkrete und einfach anwendbare Leitfäden, Checklisten und Reflexionsfragen zur Vorbereitung von Bewerbungs- und Mitarbeitenden-Gesprächen

M. Peterson und F. Owusu, *Das wird man ja wohl noch sagen dürfen?!*, essentials, https://doi.org/10.1007/978-3-658-49297-7

Glossar

Amazon US-amerikanisches Technologieunternehmen mit Sitz in Seattle, bekannt für Onlinehandel, Cloud-Computing und Künstliche Intelligenz.

Bias Systematische Verzerrung in der Wahrnehmung oder Bewertung, die nicht auf objektiven Kriterien beruht und zu Benachteiligung führen kann. Bias ist häufig das Ergebnis von Vorannahmen über Gruppen oder Einzelpersonen, die sich unbewusst auf Entscheidungen auswirken können.

Cis* Bezeichnung für Menschen, deren Geschlechtsempfinden mit dem bei Geburt zugewiesenen Geschlecht übereinstimmt.

Diskriminierungssensible Sprache Sprachgebrauch, der darauf abzielt, alle Menschen respektvoll und einschließend anzusprechen, unabhängig von Geschlecht, geschlechtlicher Identität, ethnischer Herkunft, sozialem Status, Behinderung und chronischer Erkrankung, Alter, Religion und Weltanschauung, sexueller Orientierung und Identität.

Diversity Management Beschreibung eines Teilbereiches des Personalmanagements, welcher die Vielfalt von Menschen anerkennt, sie wertschätzt und gezielt für den Erfolg der Organisation nutzen möchte.

Einwanderungsgeschichte Bezeichnung für individuelle oder familiäre Migrationshintergründe, die Einfluss auf Identität, Teilhabechancen und gesellschaftliche Positionierung haben können.

Ethnien* Begriff für Gruppen, die sich durch gemeinsame kulturelle Merkmale wie Sprache, Religion oder Bräuche definieren. Ethnien sind soziale Konstruktionen, keine biologischen Tatsachen.

Klasse* Soziale Kategorie, die den Zugang von Menschen zu ökonomischen, kulturellen und sozialen Ressourcen beschreibt. Klassenzugehörigkeit beeinflusst Lebensrealitäten und Teilhabechancen, etwa im Bildungs- oder Arbeitskontext.

M. Peterson und F. Owusu, *Das wird man ja wohl noch sagen dürfen?!*, essentials,
https://doi.org/10.1007/978-3-658-49297-7

Mikroaggressionen, Mikro-Beleidigungen Alltägliche, oft unbewusste sprachliche oder nonverbale Handlungen, die Menschen aus marginalisierten Gruppen abwerten oder ausschließen. Der Stern* betont die Perspektive der Betroffenen und die gesellschaftlichen Dimensionen.

Mitarbeitenden-Lebenszyklus Modell zur Beschreibung der verschiedenen Phasen, die Beschäftigte im Laufe ihrer Tätigkeit in einer Organisation durchlaufen. Es dient als Strukturierungsgrundlage für personalbezogene Maßnahmen.

Othering Englisch für „Andersmachen". Begriff aus der kritischen Sozialforschung: beschreibt den Prozess, durch den Menschen oder Gruppen als „anders" und damit nicht zugehörig konstruiert werden.

Stereotyp Verallgemeinernde Vorstellung über eine Gruppe, die häufig unbewusst wirkt und zu Vorurteilen führen kann.

Unconscious Bias Unbewusste Vorannahmen, die Entscheidungen und Einschätzungen beeinflussen, z. B. aufgrund einer Ausprägung der Vielfaltsmerkmale.

Vielfaltsdimensionen Bezeichnung für die verschiedenen Ebenen, auf denen sich Menschen unterscheiden und die ihr Erleben von Zugehörigkeit in Organisationen prägen. Alle Ebenen wirken zusammen und bestimmen, welche Chancen oder Barrieren Individuen im Arbeitsumfeld erleben. Basierend auf dem Modell der 4 Layers of Diversity nach Gardenswartz und Rowe (2023).

Weiß* Begriff aus der Rassismusforschung: Weißsein als gesellschaftliche Norm, verbunden mit strukturellen Privilegien.

Literatur

dbb Beamtenbund und Tarifunion. 2024. *Faktenblatt Fachkräftemangel in der öffentlichen Verwaltung.* Berlin. https://www.dbb.de/fileadmin/user_upload/globale_elemente/pdfs/2024/240904_dbb_Personalbedarfe_o__D.pdf. Zugegriffen: 7. Juni 2025.

Gardenswartz L. & Rowe, A. (2003): Diverse Teams at Work, 2nd Edition, Society for Human Resource Management.

Gärtner, C. (2020). Smart HRM: Digitale Tools für die Personalarbeit. Springer Gabler.

Gaucher, D., Friesen, J., & Kay, A. C. (2011). Evidence that gendered wording in job advertisements exists and sustains gender inequality. *Journal of Personality and Social Psychology,* 101(1), 109–128. https://doi.org/10.1037/a0022530.

Kaufmann, M., & Wüst, K. (2013). *Gesprächsführung in der öffentlichen Verwaltung: Theorie und Praxis.* Wiesbaden: Springer VS.

Kirchner, M. (2021). Künstliche Intelligenz im Recruiting: Risiken, Bias und rechtliche Herausforderungen. Zeitschrift für Personalforschung, 35(2), 194–212. (Falls Band/Heftangabe vorliegt – bitte prüfen! Ansonsten ZfP plus Jahr ist auch okay.).

Madera, J. M., Hebl, M. R., & Martin, R. C. (2009). Gender and letters of recommendation for academia: Agentic and communal differences. Journal of Applied Psychology, 94(6), 1591–1599. https://doi.org/10.1037/a0016539.

OECD. 2018. *„Next generation diversity and inclusion policies in the public service: Ensuring public services reflect the societies they serve",* OECD Working Papers on Public Governance, No. 34, OECD Publishing, Paris, https://doi.org/10.1787/51691451-en. Zugegriffen: 7. Juni 2025.

Raji, I. D., & Buolamwini, J. (2019). Actionable auditing: Investigating the impact of publicly available AI datasets. Proceedings of the AAAI/ACM Conference on AI, Ethics, and Society (AIES), 1–10. https://doi.org/10.1145/3306618.3314244.

Statistisches Bundesamt. 2024. „Migration und Integration", https://www.destatis.de/DE/Themen/Gesellschaft-Umwelt/Bevoelkerung/Migration-Integration/_inhalt.html Zugegriffen: 7. Juni 2025.

Willis, J., & Todorov, A. (2006). First Impressions: Making Up Your Mind After a 100-Ms Exposure to a Face. *Psychological Science,* 17(7), 592–598.

MIX
Papier aus verantwortungsvollen Quellen
Paper from responsible sources
FSC® C105338

FSC
www.fsc.org

Printed by Libri Plureos GmbH
in Hamburg, Germany